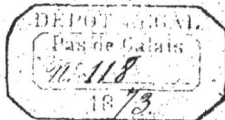

CHAMBRE DE COMMERCE DE BOULOGNE-SUR-MER

TRANSLATION
AU QUAI BONAPARTE
DES STATIONS DES PAQUEBOTS RÉGULIERS
DE
FOLKESTONE ET DE LONDRES

RAPPORT

suivi d'une délibération, sur les précédents et la situation
actuelle de cette affaire, comme sur les mesures qu'il
convient que la Chambre prenne à ce sujet.

Extrait du Procès-Verbal de la Séance du 18 Juillet 1873

BOULOGNE-SUR-MER
IMPRIMERIE TYPOGRAPHIQUE & LITHOGRAPHIQUE DE SIMONNAIRE
5, Rue des Religieuses-Anglaises, 5

Août 1873

V

TRANSLATION

AU QUAI BONAPARTE

DES STATIONS DES PAQUEBOTS RÉGULIERS

DE

FOLKESTONE ET DE LONDRES

RAPPORT

suivi d'une délibération, sur les précédents et la situation
actuelle de cette affaire, comme sur les mesures qu'il
convient que la Chambre prenne à ce sujet.

Extrait du Procès-Verbal de la Séance du 18 Juillet 1873

BOULOGNE-SUR-MER

IMPRIMERIE TYPOGRAPHIQUE & LITHOGRAPHIQUE DE SIMONNAIRE

5, Rue des Religieuses-Anglaises, 5

Août 1873

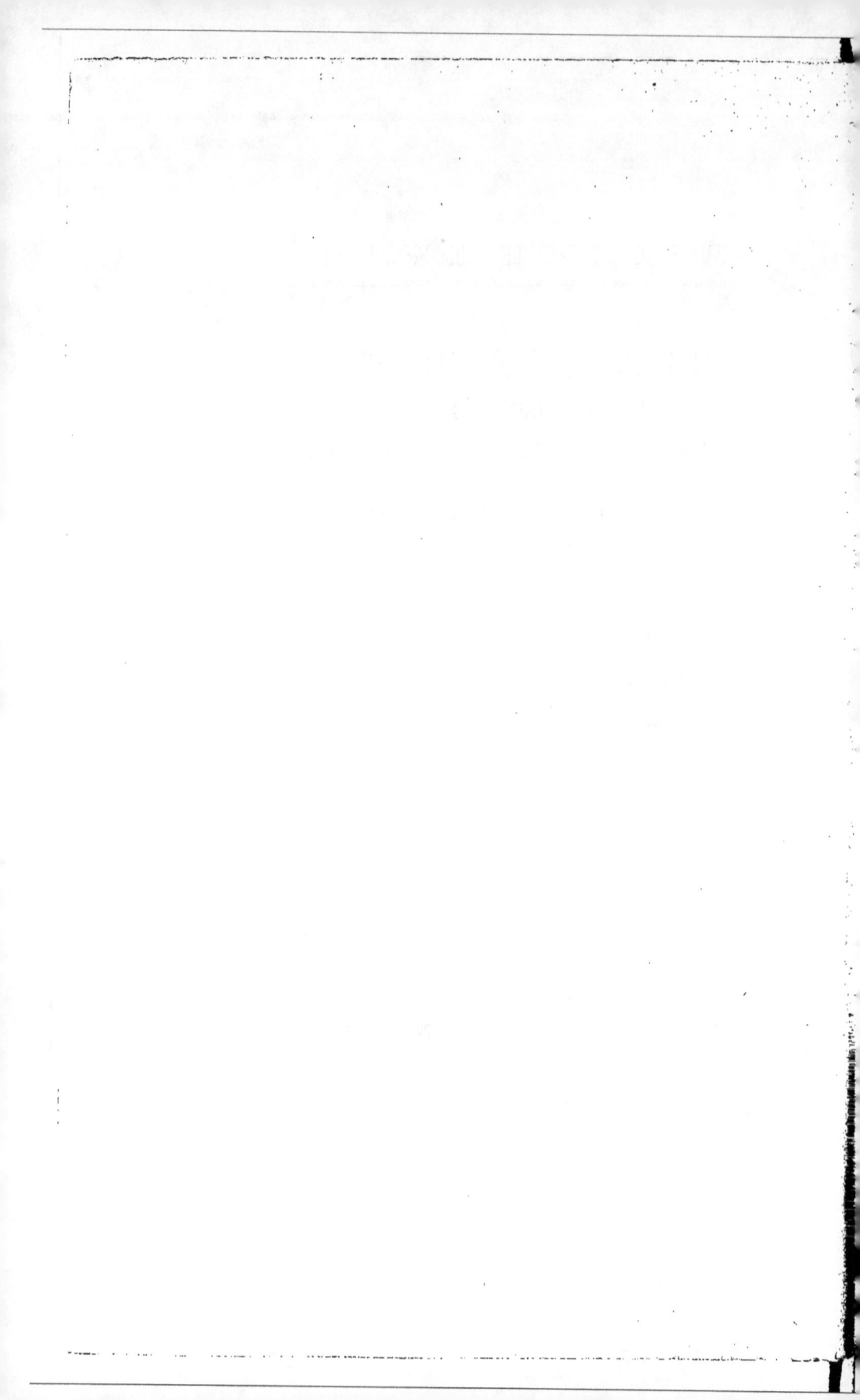

CHAMBRE DE COMMERCE DE BOULOGNE

Extrait du Procès-Verbal de la Séance du 18 Juillet 1873.

TRANSLATION
AU QUAI BONAPARTE
DES STATIONS DES PAQUEBOTS RÉGULIERS
DE FOLKESTONE ET DE LONDRES

RAPPORT,

suivi d'une délibération, sur les précédents et la situation actuelle de cette affaire, comme sur les mesures qu'il convient que la Chambre prenne à ce sujet.

L'ordre du jour appelle la Chambre à s'occuper de cette question. M. *Charles* TERNAUX, l'un de ses anciens Présidents, lui donne lecture du Rapport dont suit la teneur :

MESSIEURS,

Le Bureau de notre Chambre a été, avant-hier, officieusement informé ; — que la translation au quai Bonaparte des stations des paquebots réguliers allait incessamment s'effectuer, — que tout semblant avoir été réglé à cet égard par deux arrêtés préfectoraux des 2 décembre 1869 et 9 février 1870, pris en conformité d'une décision de M. le Ministre des Travaux publics du 30 novembre 1869, aucune instruction complémentaire ne serait probablement

1

faite ; et que la demande adressée, en votre nom, le 20 juin dernier à M. le Préfet, d'une enquête préalable ainsi que d'un appel de notre Chambre et de la Municipalité à en dire leur avis ne serait sans doute pas accueillie.

Comme dans les termes des arrêtés précités cette translation s'opèrerait avec autorisation pour les deux compagnies de Folkestone et de Londres :

      1° De construire sur ce quai des magasins pour la vérification par la Douane des marchandises par elles importées ou exportées ;

      2° D'y établir des grues fixes et mobiles,

et que la mise à exécution de ces deux desseins aurait pour conséquence ce qu'il faut appeler nettement la suppression radicale des ressources les plus importantes de notre Chambre, et, par conséquent, un amoindrissement marqué de son action, j'ai considéré comme un devoir de vous rappeler, Messieurs, les précédents de cette affaire, — de vous en dire la situation présente, — et de vous engager à prendre des mesures qui, tout en sauvegardant les intérêts que la Compagnie du South-Eastern croit servir en réalisant le déplacement dont elle s'occupe depuis si longtemps, vous paraîtront de nature à écarter de vous le grave péril que nous n'entrevoyons que trop nettement pour nos finances et l'avenir de notre Institution.

Je le fais, en ma qualité de Président de la Commission que, le 22 novembre 1867, vous avez nommée pour s'occuper d'une façon permanente de cette question dont l'importance vous avait frappés.

Cette affaire a passé par trois périodes distinctes dont je vais vous faire successivement l'historique.

———

1re PÉRIODE

I.

C'est le 22 octobre 1867, à la veille de l'ouverture du bassin à flot, que pour la première fois l'agent à Boulogne de la Compagnie des paquebots de Folkestone, M. BARNARD, adressait à M. le Ministre de l'Agriculture et du Commerce, dont le département comprenait à cette époque les *Travaux publics*, une demande en translation de ses paquebots des quais du N.-E. à ceux du S.-O. du port.

Il motivait sa demande par les modifications profondes que la création du bassin allait apporter dans le mouvement maritime des marchandises.

Il sollicitait, comme une conséquence naturelle de la translation,

1° L'autorisation d'avoir trois places de 75 mètres chacune, au nord du quai Bonaparte, dont la longueur utilisable, distraction faite de l'espace occupé par le gril de carénage, était de 505^m,50 et se trouvera réduite à 485^m, quand cet ouvrage aura été rallongé, en vertu de la récente permission que notre Chambre a obtenue ;

2° Celle d'établir sur ce quai trois grues tant fixes que mobiles pour le débarquement des marchandises et un magasin de 120 mètres de longueur sur 10 mètres de largeur pour leur servir d'abri.

Invitée officieusement, le 22 novembre, à en dire son avis, la Chambre en renvoya l'examen à la commission que le même jour elle nommait et qui se composait avec moi-même de MM. *B.* GOSSELIN, *Jules* LEBEAU, LEGLAIVE.

Le 6 décembre, sur le rapport de la commission à laquelle avait été soumise dans l'intervalle une réclamation de la Compagnie de Londres revendiquant son droit de partage des places, elle exprima l'opinion :

1° Qu'à l'égard de la translation, il était opportun d'attendre que l'on eût pu mieux juger de l'influence que l'ouverture du bassin à flot exercerait sur les mouvements du port ;

2° Qu'à l'égard des grues et des magasins, son intention formelle, déjà maintes fois manifestée par ses résolutions antérieures, étant d'en faire elle-même la dépense, il serait contraire aux principes, comme aux intérêts généraux du commerce, de concéder *sur le domaine public* à des entreprises particulières et étrangères des droits et des facultés dont elles pourraient user pour anéantir toute concurrence et se créer de fait un monopole dangereux.

Et c'était bien là, en effet, Messieurs, la pensée du commerce.

Dès le 12 novembre 1867, l'un des hommes les plus autorisés parmi ces négociants - commissionnaires chez lesquels la nature même de leurs affaires agrandit l'intelligence et développe si vite l'instruction économique, bien que partisan de la translation qu'il jugeait avantageuse à l'égard des marchandises ; et, à tort ou à raison, peu effrayé des conséquences de la ruine c'est-à-dire des intermédiaires alors entrevue et redoutée, nous avait écrit :

> « C'est une grosse question devant laquelle cependant on ne peut reculer. Aucun esprit sérieux ne méconnaîtra qu'elle doit être rapidement résolue.
>
> » Économie de temps et de frais pour les voyageurs et les marchandises, voilà ce qu'il faut y voir avant tout.
>
> » Dès lors, ne serait-il pas à désirer que, *pour empêcher un monopole toujours dangereux, la Chambre de commerce pût elle-même prendre possession de ces nouveaux quais, y établir elle-même grues, magasins, douane, etc.* »

Un autre de ces négociants, observateur sagace et profond, très-rassuré également sur l'avenir des intermédiaires, et par conséquent affranchi de toute préoccupation personnelle, nous disait le 4 février 1868 :

« Quant aux demandes faites par les Compagnies d'établir ces abris elles-mêmes, *je ne saurais trop supplier la Chambre de s'y opposer de toutes ses forces. Ces abris ne doivent être à personne, mais à tous en même temps et au même titre.* Qui mieux que la Chambre est en possession d'assurer à tous une égale protection ? C'est la force et c'est même la sécurité de notre commerce dont elle est le défenseur naturel. »

Enfin, ce même jour 4 février 1868, tous les négociants-commissionnaires et avec eux les principales maisons de la place, au nombre de 46, adressaient à M. le Préfet du département une pétition, où entre autres choses il était dit :

« Si le commerce doit se transporter en grande partie à l'Ouest du port, encore faut-il qu'il y trouve toutes les facilités désirables pour ses opérations : magasins pour abriter les marchandises, grues pour les embarquer ou les débarquer, etc.

» Ces installations ont *toujours* été confiées à Boulogne à la Chambre de commerce. Elle seule est en mesure de les réaliser dans des conditions qui satisfassent les intérêts généraux.

» Les soussignés vous prient donc, Monsieur le Préfet, de ne pas permettre que des entreprises privées, telles que des Compagnies de paquebots, puissent mettre à exécution les projets qui mettraient la Chambre dans l'impossibilité de procurer au commerce les établissements que l'ouverture du bassin à flot rendra nécessaires au quai Bonaparte.

. . . .

» Nous sommes convaincus, Monsieur le Préfet, que vous voudrez prévenir l'envahissement du domaine public par les intérêts privés, et que vous n'y accorderez d'autres concessions que celles qui seraient sollicitées par l'Institution qui a mission de représenter ici les intérêts de tous. »

Qui donc, à cette époque, eut assez de fatale influence pour amener un fonctionnaire du mérite de M. Paillart, alors Préfet du Pas-de-Calais, à ne donner aucune attention à une pétition conçue en si bons termes et émanant d'hommes aussi dignes de considération que ses nombreux signataires; — à méconnaître à son égard jusqu'aux plus simples convenances administratives ; — car il ne fut pas même accusé réception de ce document; et nul, depuis son envoi, n'en entendit parler.

La presse de l'époque se prononça comme la Chambre. Elle ne prit point parti pour ou contre la translation, comprenant bien qu'il y avait là de graves et nombreux intérêts engagés en dehors même du commerce de commission, et qu'il y fallait beaucoup réfléchir avant de conseiller ou d'improuver une telle mesure. Mais elle n'hésita pas un instant en ce qui concernait la convenance de laisser la Chambre de commerce poursuivre sur la rive gauche du port l'œuvre depuis tant d'années heureusement accomplie sur la rive droite.

II.

Nul d'entre nous ne conçut la pensée qu'il en pût jamais être autrement ! Et très grande fut la surprise de la Chambre lorsque l'un de nos collègues, M. Gosselin, qui, sans être encore alors notre Président, se préoccupait déjà des intérêts moraux et matériels de l'Institution avec le dévouement chaleureux dont il a depuis donné tant de preuves, l'informa, comme en étant bien instruit, *que très-certainement MM. les Ingénieurs du service maritime exprimeraient un avis favorable non-seulement à la translation,* point sur lequel la Chambre s'était donné garde d'exprimer une opinion décidée, *mais sur la concession à la Compagnie du South Eastern du droit d'établir sur le quai Bonaparte des grues même fixes et des magasins pour l'usage de ses paquebots.*

Réunie immédiatement, la Chambre, le 7 février 1868, entendit la lecture d'un rapport sur la question qui s'agitait :

— Exposé de la demande du South Eastern,

— Aspects divers sous lesquels elle devait être examinée,

— Discussion des principes du droit domanial invoqués comme favorables à cette demande,

— Démonstration de leur faiblesse.

— Rapide historique des Chambres de commerce et de leurs attributions administratives,

— Utile et libéral emploi que la Chambre avait fait des ressources que lui avaient procurées les établissements qu'elle avait fondés ;

— Construisant une douane et des entrepôts ;

— Élevant a grands frais, et tenant par des accroissements successifs toujours au niveau des besoins du commerce, des magasins pour la réception des voyageurs, la visite de leurs bagages et celle des marchandises :

— Mettant jusqu'à sept grues — huit aujourd'hui — à la disposition tant des paquebots que des navires à voiles ;

— Restaurant le pont de service ;

— Concourant, non pas à titre de fonds à recouvrer sur le Trésor, mais à titre de don à l'État,

— Pour 10.000 francs à la création d'une double voie sur le barrage éclusé ;

— Pour 4,500 francs à l'établissement du bureau de MM. les Officiers de port ;

— Pour 5,000 francs au dévasement du quai Bonaparte ;

— Pour 5,625 francs à la substitution d'une travée mobile à la travée fixe du Pont dit *Napoléon :*

— Donnant généreusement 125,000 francs, une fortune, — pour le raccordement à la gare même de Boulogne du chemin de fer de Calais ;

— 20,000 francs pour l'Exposition de pêche, etc.

Intérêt puissant du Commerce à posséder des établissements qui fussent *siens*, et à ne rien devoir aux particuliers, pour n'avoir aucune exigence à en subir,

Examen du projet de translation,

Au point de vue des marchandises, chapitre où les incertitudes de l'opinion étaient franchement exposées et la plus grande réserve conservée.

Au point de vue des voyageurs, chapitre où la Chambre exprimait des doutes sérieux et raisonnés sur l'intérêt qu'ils pouvaient avoir au changement proposé ;

Tout ce qui se pouvait dire d'utile sur le sujet se trouvait ainsi dans ce rapport.

La Chambre, à l'unanimité, en adopta les conclusions, et spécialement exprima l'avis :

1º Qu'il n'y avait pas lieu de statuer *quant à présent* sur la demande de translation ;

2º Qu'il était nécessaire *qu'au préalable une enquête fût faite sur ce projet ;*

3º Qu'il y avait lieu d'en saisir officiellement l'autorité municipale à cette fin qu'elle pût sauvegarder les intérêts municipaux qui s'en trouvaient affectés ;

4º Qu'il y avait lieu de repousser, dès aujourd'hui, dans des termes absolus la demande en établissement de grues ou d'abris par des Compagnies ou des particuliers, sur quelque dépendance que ce pût être du port ;

5º Qu'il était au plus haut degré d'intérêt public qu'aucune partie des espaces domaniaux libres au pourtour du bassin à flot ne fût, soit aliénée, soit concédée temporairement, si ce n'était à elle-même et *pour le seul avantage* soit des Administrations en rapport avec le commerce tels que la Douane, la Marine, les Contributions indirectes, l'Octroi; soit du Commerce lui-même pour l'abri et la manutention de ses marchandises, *dans des conditions toujours certaines de bon marché.*

Elle recommandait ces différents avis à toutes les sollicitudes de M. le Ministre de l'Agriculture, du Commerce et des Travaux publics et de M. le Préfet du département.

Elle donnait au rapport qui lui avait été lu et à ses propres résolutions une publicité considérable; l'adressant à toutes les autorités, à tous les hommes en mesure soit d'éclairer l'opinion publique, soit de servir de leur influence sa cause, je veux dire la juste et vraiment noble cause qu'elle défendait.

Si cette cause, en effet, était celle de ses finances et de son action; comme cette action avait été bien utile au Commerce local ; comme ses finances, elle en avait fait, *sans compter, et confiante en l'avenir*, le plus généreux emploi, sous l'inspiration d'hommes de cœur, vraiment amis de leur pays, c'était certes, son droit et son devoir de les défendre avec énergie.

Me sera-t-il permis d'ajouter que ces traditions de libéralité, établies par nos comptes annuels, elle y est jusqu'à ces derniers jours restée fidèle.

Pendant la fatale guerre de 1870-71, elle votait une subvention de 2,000 francs en faveur du Comité de secours pour les blessés et les familles pauvres privées de leurs soutiens, que M. le Maire de la ville venait d'instituer.

Elle remettait à ce magistrat 5,000 francs pour achat d'armes.

Elle prenait part, pour 25,000 francs, à l'emprunt de 400,000 francs destiné à pourvoir à la défense du pays, et à donner du travail à tous les ouvriers sans ouvrage.

Elle ouvrait toutes les portes de ses bâtiments pour y loger les mobilisés et seconder la Municipalité dans son désir d'épargner aux habitants la charge de ce logement, en prenant à son compte une partie de la dépense, sans pensée aucune de recours sur l'Etat.

Aux premiers jours de l'amnistie, elle envoyait pour 1,400 francs de charbon aux pauvres de Paris.

Il y a quelques mois, elle donnait une somme de 5,000 francs à l'œuvre de la libération du territoire que d'autres combinaisons plus puissantes, mais moins nobles que la souscription publique alors proposée, devaient déterminer, et qui s'achève à l'heure où j'écris ce rapport.

La vérité est qu'à aucune époque de son existence, notre Chambre n'a laissé passer une de ces grandes infortunes qui sont le deuil de la Patrie, — un ouragan dévastant nos Colonies, — une inondation couvrant l'un de nos départements, — quelque autre fléau s'abattant sur la contrée, sans apporter sa part, sa large part de secours!

Elle a subventionné un grand nombre d'institutions ou d'entreprises utiles à la marine, profitables au commerce, même à la science pure et à ses progrès. Elle l'a fait sans jamais craindre qu'un reproche de prodigalité pût l'atteindre : une institution publique destinée à vivre toujours, et *ayant toutes les raisons du monde d'être convaincue que jamais personne n'osera porter la main sur ses ressources et les tarir peut-elle se dispenser d'être généreuse ?*

Dans un autre ordre de faits, il y a quelques semaines à peine qu'elle donnait encore 1,400 francs pour rendre mobile la passerelle de communication du port avec la cale de radoub, — 600 francs pour élargir celles des portes de l'écluse jusqu'alors si dangereuses pour les marins et les ouvriers qui, du matin au soir, les traversent, — 5,000 francs pour les études d'un port extérieur destiné à faciliter et agrandir nos relations avec l'Angleterre, etc.

Le 4 de ce mois de juillet, elle prenait à sa charge, le loyer, l'éclairage, le chauffage de l'école d'hydrographie, pour en empêcher la suppression, et conserver à nos populations maritimes ce moyen précieux d'instruction professionnelle.

Je n'en finirais point sur ce chapitre, si je voulais tout dire !

III.

Mais il ne suffit pas à une Institution publique de se défendre contre des mesures spoliatrices, il faut agir.

En conséquence, *le 5 mars 1868*, notre Chambre, à qui l'on reprochera plus tard de n'avoir rien offert, adressait à M. le Préfet du département une demande en concession temporaire pour vingt-sept années de tous les terrains domaniaux qui, au pourtour du bassin à flot, seraient reconnus inutiles à la circulation. Elle s'engageait :

1º A payer au Trésor une redevance annuelle de 20 c. par mètre carré de ses constructions ;

2º A payer une redevance annuelle de 5 francs comme reconnaissance du droit de propriété de l'Etat sur les superficies qui lui seraient concédées, mais sur lesquelles les besoins du Commerce et des Administrations en rapport avec lui *ne l'obligeraient pas à bâtir immédiatement ;*

3º *A présenter à l'approbation préfectorale tout plan de construction* avant sa mise à exécution ;

4º A démolir ses constructions, en tout ou en partie, à vider les lieux et à les rétablir dans leur situation primitive à la première réclamation de l'Administration, *et sans pouvoir réclamer aucune indemnité.*

IV.

L'instruction de cette demande ne fût que trop rapidement faite.

Dès le 7 avril 1868, M. l'Ingénieur ordinaire avait écrit son rapport, par lequel, en substance, et en invoquant de prétendues règles de droit domanial, aux termes desquelles des constructions du genre de celles que la Chambre entendait faire ne pouvaient pas être permises *ou tout au moins ne devaient pas faire l'objet d'une exploitation à redevance,* il déclarait que les seuls terrains où subsidiairement il serait possible de permettre d'établir des établissements commerciaux étaient :

1° Une superficie de terrain de 1,746 mètres carrés à prendre à *l'ouest du bassin à flot*, au débouché des rues Louis Fontaine, de la Scierie, etc. Encore proposait-il de réduire à neuf années la durée de la location de cette parcelle et de *la mettre aux enchères publiques*, ce qui était un refus direct de concession ;

2° Une autre superficie de *dimension indéterminée* à prendre sur le terre-plein situé entre l'écluse à sas du bassin à flot et le quai Bonaparte, terrain que, du reste, l'honorable Ingénieur signalait comme déjà destiné à être, dans un avenir plus ou moins prochain, l'emplacement d'une cale sèche pour la visite et le radoub des navires, *comme les plus petits ports en possèdent en Angleterre ;* — ce qui ne laissait entrevoir, on le remarquera, pour l'établissement projeté par la Chambre qu'une existence bien éphémère et, certes, fort peu en rapport avec ce qu'il eût coûté.

Vingt jours après, M. l'Ingénieur en chef exprimait un avis à peu près conforme ; engageant, toutefois, la Chambre à soumettre à l'Administration le projet des travaux qu'elle entendait exécuter sur ce *dernier emplacement*.

Tout ce qu'il convient de dire ici de ces avis, c'est que l'emplacement qui semblait consenti, dans *ces conditions, d'ailleurs inadmissibles*, que M. l'ingénieur ordinaire faisait entrevoir, ne pouvait absolument pas être accepté seul.

De quoi s'agissait-il ?

De faire occuper désormais le quai Bonaparte dans toute sa longueur utilisable, alors de 505 mètres,—au *nord* par la station des paquebots de Folkestone, — au *sud*, par celle des paquebots de Londres, lesquels apportent les plus grandes quantités de marchandises.

Construire des magasins pour la visite des Douanes à l'extrémité septentrionale de ce quai seulement, c'était bien servir les intérêts de la Compagnie du South Eastern ; c'était mortel à ceux de la Compagnie de Londres, dont les marchandises auraient eu à subir, rien que pour gagner ce magasin, un camionnage fort onéreux.

Aussi, dès le 17 novembre 1867, l'Agent à Boulogne de cette Compagnie, de beaucoup la plus ancienne des deux, en prévision du choix possible de ce terrain, avait-il adressé de vives réclamations à notre Chambre, et fait un appel à son impartialité et à sa justice, demandant : *que toutes les constructions utiles au nouveau service fussent faites au centre du quai Bonaparte, de telle sorte que les marchandises des deux compagnies concurrentes eussent exactement le même chemin à parcourir pour l'accomplissement des formalités douanières.*

La Chambre se borna, à cette date, à faire connaître à l'Administration sa pensée sur ce point, représentant en même temps qu'il était au moins inutile de lui imposer la dépense de plans et devis toujours fort coûteux, si l'on ne se mettait pas d'accord sur le terrain dont il lui serait permis de disposer ; et alors que la première condition qu'elle s'imposait dans sa demande du 5 mars était *de ne construire que sur plans approuvés au préalable par M. le Préfet.*

Il était étrange, en effet, qu'on l'obligeât, elle, Institution publique française, à se soumettre à une semblable exigence, quand on ne demandait rien de semblable à des Compagnies étrangères, et qu'à leur égard on jugeait tout sauvegardé par la seule condition de ne bâtir que sur plans au préalable approuvés.

Entre temps, elle avait adressé son mémoire du mois de février à l'Autorité municipale. Celle-ci en avait saisi le Conseil, mais, à la date du 15 avril 1868, jour fixé pour l'examen de cette affaire, M. le Maire fut informé que la Compagnie du South Eastern avait renoncé pour le moment à sa demande.

Cette question fut en conséquence retirée de l'ordre du jour.

Quand je vous aurai rappelé, Messieurs, que, le 7 avril 1868, notre honorable député de cette époque, M. *Alex.* PINART, qui suivait à Paris cette affaire avec une grande sollicitude, nous avait écrit qu'il croyait entrevoir que *l'Administration ne serait pas favorable à notre projet de construction ;* — que le 8 mai, cependant, il nous annonçait qu'il *avait reçu de* M. DUMOUSTIERS, *l'un des plus influents directeurs du Ministère, l'assurance qu'en aucun cas l'on ne statuerait sans une enquête,* j'aurai dit tout ce qu'il était essentiel de consigner ici sur cette première période de l'instruction.

2ᵉ PÉRIODE

V.

Suspendue pendant toute une année, elle ne reprit que le 16 juin 1869, à la suite d'une lettre de rappel de sa demande que M. BARNARD adressait à cette date à M. le Préfet du Pas-de-Calais.

Elle avait été précédée d'une lettre que le très-honorable Président du Comité de direction du South Eastern, M. WATKIN, avait adressée au *Maire de Boulogne,* lui disant que sa Compagnie attachait la plus grande importance à la translation, et que si elle lui était refusée, *son Conseil aurait à examiner s'il ne devait pas se résoudre à quitter la station.*

M. EBORALL, le capable chef d'exploitation du South Eastern, vous avait écrit le 14 dans le même sens.

Il n'y avait guère à hésiter; il fallait céder sur la question de la translation proprement dite.

Notre Chambre en écrivit dans ce sens, le 18 août 1869, à M. le Ministre des Travaux publics.

Mais à l'égard de l'établissement de grues et de la construction de magasins, elle maintint plus énergiquement que jamais son opposition, et sa prétention à être seule chargée de fournir au Commerce ces appareils et ces abris dans les conditions si avantageuses à tout le monde, de sa demande officielle du 5 mars 1868.

———

Le 2 juillet, elle avait entendu la lecture d'un rapport fortement motivé de notre Commission où les avis de 1868 de MM. les Ingénieurs avaient été discutés, leurs arguments contraires à sa demande en concession, à notre sens, complètement réfutés.

Elle avait adressé ce travail au Ministère et à la Préfecture.

Elle avait fait plus !

Ayant de bonnes raisons de penser que la Compagnie du South Eastern tenait peu à construire des magasins, où elle ne pourrait percevoir aucun droit d'abri, elle avait sollicité d'elle l'abandon complet de cette partie de sa pétition, — *l'avait obtenu sans réserves le 26 octobre 1869,* — et avait transmis à l'instant ce désistement à la Préfecture qui elle-même l'avait fait, le 12 novembre, parvenir au Ministère.

Au nom de sa Compagnie, M. EBORALL écrivait le 26 octobre, au Préfet:

2

« La seule difficulté sérieuse que présente cette affaire
viendrait de la demande en concession de terrain sur le
quai que nous avons faite en même temps, dans l'intention
d'y construire un magasin pour abriter les marchandises
destinées à être visitées par la Douane. *Mais voulant* écarter
cet obstacle et éviter tout conflit avec la Chambre de commerce de Boulogne, qui est, depuis de longues années, en
possession de fournir sur les quais de l'Est cet abri, notre
Compagnie RENONCE EXPRESSÉMENT A CETTE DEMANDE DE
TERRAIN; à la condition, toutefois, que la Chambre de commerce obtiendra l'autorisation qu'elle sollicite d'y élever
elle-même les constructions nécessaires au Commerce et à la
Douane, ainsi qu'elle s'y est conditionnellement engagée
envers nous, — et que le tarif des droits d'abri sera assez
modéré par n'exercer aucune influence préjudiciable au
trafic par Boulogne.

» J'ai l'espoir qu'en conséquence de cette modification,
je recevrai bientôt l'avis que vous avez pris un arrêté qui
autorise la translation de nos steamers au quai Bonaparte,
en nous concédant l'avantage des places fixes que nous
possédons au quai des Paquebots et qui est indispensable à
tout service régulier. »

Et dans une lettre adressée le même jour à M. le Président
de notre Chambre, M. EBORALL, voulant avec raison
sauvegarder les véritables intérêts de sa Compagnie, disait :

« Je désire cependant ajouter que malgré le consentement donné par ma Compagnie à votre proposition,
consentement signé par moi, en son nom, il est formellement entendu que ma signature n'a été apposée qu'à cette
seule condition qu'il n'en résultera pas pour la Compagnie
une position moins bonne que celle dont elle jouit actuellement, ou des tarifs plus élevés que ceux maintenant
appliqués par la Chambre de commerce. »

La Compagnie n'avait nul besoin de ces réserves pour
avoir à cet égard des garanties de la valeur desquelles nul
ne se permettra de douter.

Et le 12 novembre, M. le Préfet écrivait de son côté :

« J'ai l'honneur de vous informer que j'ai transmis à M.
le Ministre des Travaux publics, actuellement saisi de

l'affaire relative au déplacement des paquebots de la Compagnie du South Eastern Railway, la lettre que vous m'avez communiquée, *et aux termes de laquelle le Directeur de cette Compagnie déclare renoncer à la partie de sa demande relative à une concession de terrain, afin d'établir des abris pour ses marchandises.*

» Je vous donnerai connaissance de la décision de Son Excellence aussitôt qu'elle me sera parvenue. »

Qu'advint-il ?

Le 30 octobre, le Préfet avait envoyé au Ministère des Travaux publics, alors séparé de l'Agriculture et du Commerce, le dossier de cette affaire, en proposant d'ajourner toute concession de terrain pour magasins, puisque d'une part la Compagnie renonçait à cette partie de sa demande, puisque, de l'autre, la Chambre de commerce avait pris l'engagement de procurer aux marchandises sur la rive gauche l'abri qu'elle leur donne déjà sur la rive droite.

Le Ministre, alors M. E. Gressier, soumit immédiatement la question au Conseil des Ponts-et-Chaussées.

Cette grave Assemblée, que nous ne pensions pas instituée pour s'occuper de sujets où la science n'a rien à voir, émet l'avis :

Que *l'instruction est complète*, la Chambre de commerce en ayant fait l'objet d'un travail considérable ; et, par suite, l'Administration possédant tous les documents nécessaires pour apprécier en pleine connaissance de cause ; — d'où la conséquence non exprimée, mais admise en fait, que l'enquête que la Chambre n'a cessé de demander pour la protection de tous les intérêts engagés, et ils sont divers et nombreux ! — n'était pas utile ;

Que le déplacement de la station présentait des avantages, que la Chambre elle-même ne semblait plus contester, au point de vue des intérêts généraux du commerce et de *l'avenir du port de Boulogne ;*

Qu'il importe que la Compagnie ait à sa disposition les appareils de manutention qui sont nécessaires, et que *déjà cette question a été résolue par l'Administration en faveur de cette Compagnie ;*

Que l'utilité des abris pour les marchandises de prix qui forment, en général, le chargement des steamers est évidente :

Que ces abris ne sont qu'une forme particulière de ceux autorisés en principe par le réglement des ports maritimes; et qu'*il n'y a pas de raison* pour refuser le bénéfice de ce principe à la Compagnie demanderesse, si elle veut faire les frais de la construction ;

Que MM. les Ingénieurs, dans le projet d'arrêté qu'ils ont préparé, réduisent à deux places de paquebots la longueur du quai à mettre à la disposition de la Compagnie, comme l'a fait pour la rive droite l'arrêté préfectoral du 27 avril 1865; — qu'ils réservent expressément les droits de l'Etat dans l'intérêt public; — et ne proposent d'autoriser qu'à titre révocable ;

Qu'ainsi loin de créer au profit d'une Compagnie un monopole dont le résultat serait d'exclure le public et les Compagnies rivales qui voudraient s'y établir à leur tour, *ils leur ménagent dès à présent les mêmes facilités qu'à la Compagnie demanderesse et réservent entièrement l'avenir ;*

Qu'il y a donc lieu d'accorder.

Le 30 novembre 1869, le Ministre transmet au Préfet cet avis en lui disant *qu'il lui a paru parfaitement motivé, et qu'il en adopte de tous points les conclusions,* et en l'invitant à prendre l'arrêté nécessaire pour assurer l'exécution de la décision.

Dès le 2 décembre suivant, est pris l'arrêté préfectoral accordant au South Eastern tout ce qu'il avait demandé, *y compris la concession de terrain à laquelle le Ministre lui-même dans sa dépêche constatait qu'il avait renoncé !*

J'annexe à mon rapport cet arrêté, en me bornant à faire remarquer ici que pour qui connait les habitudes de l'Administration française, et ses lenteurs parfois très-sages, à part le fond des choses sur lesquelles je reviendrai, il y a là des dates bien significatives.

30 *octobre*. — Envoi du dossier d'Arras à Paris.
Délibération du Conseil général des Ponts-et-Chaussées.
30 *novembre*. — Avis conforme du Ministre.
2 *décembre*. — Arrêté pris.

Elles sont rares les affaires administratives de quelque importance qui aient obtenu le bénéfice d'une telle célérité.

Qui donc activait si fébrilement celle-ci ?

J'ai à peine besoin de dire qu'en présence de cette décision, la Compagnie des paquebots de Londres, qui n'avait jamais vu la translation qu'avec une froideur voisine du déplaisir, se vit à son tour *contrainte* de solliciter la translation de sa station.

Cette autorisation lui fut donnée par arrêté préfectoral du 9 février 1870, littéralement calqué sur celui du 2 décembre, et qui lui accorda tout ce qu'avait obtenu, même malgré elle, sa rivale, grues et abris, sans aucune enquête, ni avis ni communication.

VI.

Notre Chambre, on le pense bien, protesta énergiquement contre cette solution, et l'honorable député de la circonscription, M. *Alexandre* PINART, se fit auprès du Ministre l'interprète actif de ses griefs.

Le Ministre qui lui avait formellement *promis que rien ne serait décidé sans que la Chambre fût de nouveau officiellement consultée et une enquête faite*, lui écrit le 7 décembre, pour justifier par l'avis du Conseil général des Ponts-et-Chaussées son changement d'opinion, et ajoute :

« Vous remarquerez, Monsieur le Député, que, d'après ma décision, il ne s'agit nullement d'accorder à la Compagnie des paquebots une *concession* sur le domaine public ; mais uniquement une *permission* de voierie telle que le règlement de police des ports le prévoit, et qui est essentiellement révocable par sa nature même.

» Permettez-moi d'ajouter que tout nouveau retard dans
la décision de l'Administration sur la question eût été très-
fâcheux au point de vue des intérêts mêmes du port de
Boulogne ; la Compagnie des paquebots attachant, en effet,
à cette décision une telle importance qu'elle ne dissimulait
pas l'intention, dans le cas où l'autorisation qu'elle sollicitait ne lui serait pas accordée, de renoncer à continuer
son service sur Boulogne pour le transporter à Calais.

» Cette détermination de la Compagnie s'ajoutait aux
considérations d'intérêt général qui m'ont paru pleinement
motiver la décision que j'ai prise, conformément à l'avis
du Conseil général des Ponts-et-Chaussées. »

<hr />

3ᵉ PÉRIODE

VII.

Quelque mauvaises que fussent toutes ces raisons, il n'y
a pas à le dissimuler, la victoire contre notre Chambre était
complète. Cependant, il ne semble pas que le South Eastern
fût en mesure ou en goût d'en profiter ; et la grande hâte
que l'on avait mis à rendre la décision se perdait inutile
dans le néant des réalités.

Il fallait, en effet, avant de rien entreprendre, s'entendre
avec la Compagnie du Nord.

Pour que les voyageurs eussent à gagner sur l'ensemble
du voyage de Londres à Paris le temps le moindrement
appréciable, il fallait que le Nord consentit à établir sur
le quai Bonaparte une troisième ligne de rails pour servir
aux seuls wagons à voyageurs et que ces wagons vinssent
se placer juste en face des steamers arrivant ; de telle sorte
que du paquebot à leurs places les voyageurs pussent passer
en quelques secondes, — que leurs bagages enregistrés

d'avance pour Paris fussent enlevés avec la même rapidité,—
et que le convoi partît sans le moindre retard à toute vapeur.
Régime dur pour des vieillards, des femmes, des enfants
arrivant fatigués et souvent malades de la mer !

Si on voulait l'adoucir un peu, il fallait que le Nord
condescendît à bâtir sur le quai une petite gare spéciale, où
les passagers trouveraient au moins quelque réfection,
quelques aisances, la faculté de se reconnaître une minute,
avant de s'élancer dans l'espace ; et où la police, que notre
Chambre loge, éclaire et chauffe depuis 25 ans, et qui ne
peut pas non plus perdre tous ses droits, retrouverait au
moins son bureau.

Il fallait, quant aux marchandises, que la Douane modi-
fiât tout son service, — se transportât, elle aussi, sur la rive
gauche,— et y trouvât, dès l'abord, tout ce que la Chambre
a créé pour elle aussi bien que pour le Commerce sur la rive
droite.

Il y avait donc beaucoup à faire, des négociations à
ouvrir : et bien des difficultés pratiques allaient vraisembla-
blement se produire.

Nous ne sommes pas dans le secret de ces négociations.
Mais, le 12 décembre 1869, M. le Sous-Préfet de Boulogne
nous transmettait copie d'une lettre qu'il venait de recevoir
de la Préfecture, par laquelle il nous était dit que, si l'arrêté du 2 du même mois avait concédé au South Eastern
les facultés qu'il avait demandées, le Préfet était d'autre
part informé que la Compagnie du Chemin de fer du Nord
avait l'intention de construire près de l'emplacement concédé à cette Compagnie une gare annexe à l'usage des
voyageurs, et qu'en conséquence la Chambre était invitée à
se concerter avec les deux Compagnies pour étudier les
bases et la rédaction d'un projet d'ensemble d'aménagement

des nouveaux quais sur lequel MM. les Ingénieurs auraient à donner leur avis.

Et le Préfet ajoutait : *C'est le seul moyen de concilier les intérêts engagés.*

On se défend mal de quelque surprise à cette lecture ! Car, enfin, si l'on voulait la conciliation, que ne le disait-on tout d'abord, et pourquoi commencer par tout accorder au South Eastern ?

Quoi qu'il en soit, l'information était exacte et, en effet, le 11 janvier 1870, l'honorable et regretté M. Petiet, le chef de l'exploitation de la Compagnie du Nord, se rendit à Boulogne, — eut une longue conférence avec notre Président de cette date, M. Gosselin, — visita avec le plus grand soin les établissements de la rive droite — et annonça l'intention formelle où était la Compagnie de s'entendre avec le South Eastern et *avec notre Chambre* pour créer sur le quai Bonaparte un état de choses qui donnât satisfaction à tous les intérêts engagés et où toutes les nécessités des services divers trouveraient satisfaction.

Dès le 17 janvier, toutes les études que la Chambre avait faites en vue d'un établissement de ce genre, tous les plans que notre Commission avait fait dresser, étaient dans les mains de M. Petiet.

Le 16 avril suivant, à une lettre de rappel que la Chambre lui avait écrite, il répondait :

« J'ai reçu la lettre que vous m'avez fait l'honneur de m'écrire le 13 courant au sujet des installations à faire sur le quai Bonaparte ; la question n'a pas été perdue de vue : un projet préparé par notre Compagnie a été soumis, le mois dernier, à M. l'Ingénieur en chef Legros, qui y a proposé des modifications, en suite desquelles nous avons dû ordonner une nouvelle étude qui n'est pas encore terminée. »

Les choses en·étaient là lorsque les fatals évènements de cette douloureuse année survinrent. Ils emportèrent dans leur effrayante violence de bien autres desseins que ceux dont nous nous occupons ici. Au réveil des esprits si longtemps atterrés, surgit l'idée de la construction à Boulogne d'un nouveau port extérieur pour le service des relations internationales, idée accueillie avec le plus grand intérêt par le South Eastern qui nous en a donné d'irrécusables preuves ; et nous vivions dans la pensée que le projet de translation des paquebots au quai Bonaparte, qui ne pouvait plus avoir, s'il a un mérite sérieux, qu'une valeur transitoire, était pour jamais abandonné.

Le South Eastern y revient cependant, et il y a lieu d'aviser.

VIII.

Je dirai tout de suite ici, pour n'avoir plus à y revenir, ce qu'à mon sens il faut penser de ce retour à une conception longtemps discutée et à plusieurs fois prise, quittée, reprise, mais visiblement toujours présente à l'esprit du très capable chef d'exploitation de cette Compagnie (General Manager) M. Eborall, comme un moyen d'accroître son trafic en voyageurs et en marchandises.

Il faut reconnaître qu'en cela le South Eastern est le meilleur juge de ses intérêts.

Notre Chambre, depuis la naissance de cette affaire, à la fin de 1867, jusqu'à ce jour, a néanmoins conservé sur la valeur de cette conception des doutes sérieux.

Quant aux *voyageurs*, j'ai déjà dit sur quoi ils se fondaient : il y a bien des conditions à remplir avant que l'on arrive à gagner quelques minutes sur la durée du voyage.

Quant aux *marchandises*, — étant donné que toutes celles

de grand encombrement que la Douane compte mais ne visite pas, très-souvent apportées ou importées par paquebots spéciaux, vont déjà se faire débarquer ou embarquer soit dans le bassin à flot, soit au quai Bonaparte, et qu'il en sera toujours ainsi, — il ne nous a jamais été bien démontré que l'on puisse réaliser de grandes économies de temps et de frais sur les marchandises dites de prix que la Douane visitera toujours tant que l'heure de la pleine expansion du libre échange ne sera pas arrivée ; et que la gare, à son tour, aura besoin de contrôler, de classer, de mettre en wagons par nature et par destination ; ce qui exigera toujours une certaine somme d'écritures.

Et c'était précisément pour arriver à la solution de ces doutes que, depuis son premier avis motivé du 7 février 1868, se plaçant en dehors et bien au-dessus de toute préoccupation de ses propres finances, la Chambre n'a cessé de demander *qu'une enquête préalable fût ouverte*, en vue de bien s'éclairer sur cette question si grave :

Le bénéfice que pourra faire obtenir la translation est-il vraiment en rapport avec les sacrifices qu'elle impose, les pertes qu'elle va faire subir à toute la rive droite, le déplacement considérable d'intérêts qui en sera la conséquence ?

Il est inouï que cette enquête ait été refusée.

Il y a un moyen radical, il est vrai, de faire, *en apparence au moins*, gagner du temps aux marchandises de prix, c'est de tout transporter en wagons plombés à Paris, lieu principal de destination.

Mais outre qu'il faudra bien, cependant, toujours opérer un triage pour les marchandises destinées soit à la ville elle-même, soit aux stations latérales, au Nord, à l'Est, à l'Ouest de la ligne, — soit aux stations directes, antérieures à Paris, — et que cette opération prendra du temps, a-t-on bien réfléchi à ce qui va suivre :

— Quasi suppression des douanes et des gares locales;

— Encombrement inouï des douanes de Paris, retards, désordres et fraudes qui en seront le résultat inévitable;

— Quasi suppression des intermédiaires qui ont rendu de si grands services;

— Déplacements d'existences bien douloureux, — chefs de maisons ruinés,— employés aux écritures si considérables qu'exige le commerce de commission laissés sans places— ouvriers de la manutention des marchandises abandonnés sans ouvrage, etc., etc;

Le tout pour aboutir à étouffer, comme avec une immense cloche pneumatique, la vie des ports sous l'action d'une centralisation excessive et pleine de dangers.

Il ne semble donc pas probable que le Gouvernement, pour peu qu'il ait de sens et sache se souvenir, se prête de longtemps à des combinaisons si dures et si périlleuses; et la question que je posais tout-à-l'heure reste à l'état de problème de solution bien difficile.

Mais enfin puisqu'une Compagnie intelligente, à laquelle on ne saurait sans injustice prêter la moindre intention mauvaise et qui a des droits manifestes à beaucoup de ménagements et d'égards, croit son propre salut attaché à ce déplacement de la station, en attendant un port nouveau, que ce transfert s'opère, mais c'est bien le moins que notre Chambre essaie d'en conjurer les suites funestes pour elle-même et son avenir.

Elle n'a, d'ailleurs, pas le droit de s'en abstenir. Nous devons conserver à ceux qui viendront après nous le patrimoine que les travaux de nos prédécesseurs et les nôtres ont créé: et c'est, dans cette cause, celle de toutes les Chambres de commerce que nous défendons; car il n'en est pas une qui ne puisse être menacée, comme l'est la nôtre, peut-être pour les plus futiles et les moins avouables raisons.

IX.

Vous êtes maintenant, Messieurs, en possession de tous les faits.

Leur appréciation n'est malheureusement que trop aisée.

Une pensée de dépossession de notre Chambre et d'amoindrissement de ses ressources semble s'être révélée au début de cette instruction et l'avoir suivie dans tout son cours.

Il n'y a pas plus moyen de le nier que de s'en taire.

Quels motifs l'ont inspirée? Quel homme l'a accueillie, soutenue, fait réussir? Qu'importe! Nous avons toujours eu, nous aurons toujours pour les personnes des ménagements infinis. Mais la vérité est plus forte que toutes les considérations secondaires, et ici elle éclate de tous les côtés à la fois.

La première raison alléguée qu'en principe un établissement construit sur une dépendance du domaine public *ne peut pas faire l'objet d'une exploitation à redevance* est d'invention bien récente. On ne s'en doutait guère avant 1868.

Si cela est vrai, il faut se hâter de supprimer :

— Tous les grils de carénage concédés, parce que les navires qui s'y placent paient loyer et que *ce loyer est une redevance;*

— Toutes les grues qu'une multitude de Chambres de commerce ou, *à leur défaut,* des particuliers ont été autorisés à implanter dans les quais des ports, sur les rives des fleuves ou des canaux, parce que ces grues ne fonctionnent pas sans que l'on paye leurs services, et que ce paiement est *une redevance;*

— Tous les cafés et restaurants que l'on a permis d'établir sur les jetées ou sur les rivages de la mer, parce que leurs possesseurs vendent des boissons et des denrées, et que le bénéfice qu'ils en retirent est *une redevance ;*

— Tous les parcs aux huitres, les enclos à poissons, les établissements de pisciculture dont nos côtes maritimes sont couvertes, parce que leurs produits se vendent, et que le prix obtenu est *une redevance.*

On touche au déraisonnable !

Aussi le Conseil général des Ponts-et-Chaussées n'a-t-il pas fait à cet argument prétendu l'honneur de le discuter.

Voyons si les raisons que l'on prête à cette savante Institution sont meilleures.

Il importe, dit le Conseil, que *la Compagnie du South Eastern ait à sa disposition les appareils de manutention nécessaires.*

Les aurait-elle eu moins si ces appareils avaient appartenu à la Chambre de commerce ? lui ont-ils manqué depuis le premier jour où ses paquebots ont accosté les quais de l'Est ? A-t-elle eu jamais *sérieusement* à se plaindre soit de leur défectuosité, soit de l'élévation des tarifs, et aucun grief digne d'être pris en considération a-t-il jamais été écarté par indifférence ou négligence ?

> *Déjà cette question a été résolue par l'Administration en faveur de la Compagnie.*

Cela est vrai : en juin 1868, l'on a accordé à l'Agent de la Compagnie, M. BARNARD, l'autorisation de placer sur le quai des Paquebots une grue à vapeur. Nous en verrons tout-à-l'heure les conséquences, — et, qui plus est, on lui a permis d'y implanter les rails indispensables à son usage. Mais qu'importe, depuis quand *une faveur* aussi singulière a-t-elle pu en justifier une seconde plus étrange ? Et le premier devoir de l'Administration n'est-il pas de reconnaître ses erreurs et de les réparer ?

> *L'utilité des abris pour les marchandises de prix qui forment en général le chargement des steamers est évidente.*

Si évidente, en effet, que la remarque était fort inutile.

> *Ils ne sont qu'une forme particulière de ceux autorisés en principe par le règlement des ports maritimes.*

Alors pourquoi les refuser à la Chambre de commerce sur la rive gauche quand, du 22 août 1825 au 5 janvier 1855, on les lui a, par une multitude d'arrêtés, accordés sur la rive droite, avec accroissements successifs au fur et à mesure que grandissaient les besoins du Commerce et de la Douane.

> *Il n'y a pas de raison d'en refuser le bénéfice à la Compagnie, si elle veut en faire les frais.*

Il y avait, au contraire, pour le refuser, deux raisons également dominantes, je devrais dire souveraines. — La première était de ne pas déposséder, sans nécessité absolue, une Chambre de commerce qui a rendu de grands services aux intérêts qu'elle a l'honneur de représenter et à l'Etat lui-même ; — la seconde était l'impossibilité matérielle où vous êtes d'accorder à tout le monde ce que vous donnez à la Compagnie. D'où cette conséquence que vous ne deviez précisément faire cette concession qu'à une Institution publique représentant tout le monde et la Compagnie elle-même aussi bien que tout autre.

> *L'autorisation est toujours révocable et dès lors, loin de créer au profit de la Compagnie un monopole dont le résultat serait d'exclure les Compagnies rivales, cette disposition leur ménage dès à présent les mêmes facilités qu'à la Compagnie demanderesse, et réserve entièrement l'avenir.*

Voyons ce que, dans *la réalité pratique*, vaut cette proposition qui est de toutes la principale.

Sur la longueur désormais utilisable du quai Bonaparte, 485 m. 50 c., les deux Compagnies de Folkestone et de Londres vont occuper chacune 150 m., soit 300 à raison de deux places fixes de 75 m. chacune. Il est reconnu que pour qu'un service régulier soit satisfaisant, il faut toujours réserver une place supplémentaire pour un paquebot arrivant au moment où des deux déjà mis à quai l'un met ses marchandises à terre, l'autre est en chargement, et où, par conséquent, ils ne peuvent faire place au nouveau venu : c'est encore 75 m. à prendre et il ne reste que 110 m.

Supposons que de Hull ou de Grimsby, voir même de Dunkerque, cela s'est vu, une troisième Compagnie régulière veuille aussi avoir ses places à quai. Il faudra lui donner ce qui reste, plus des *grues*, plus des *abris*.

Qu'une quatrième Compagnie survienne, on trouvera toujours le moyen de faire arriver ses paquebots à quai, en déplaçant les autres ; mais des grues, mais des abris, comment les lui donner ? Où les mettrait-elle ?

L'arrêté du 2 décembre a prévu partiellement ce cas ; et voici les singuliers expédients auxquels il a recours.

Pour les grues, il oublie de dire que les premières Compagnies seront tenues de les mettre immédiatement à la disposition des survenants et d'en déterminer les conditions. Il se borne à dire :

> Article 6. — Lorsque d'autres navires que ceux de la Compagnie seront accostés aux stations, les grues devront être rangées de manière à ne pas gêner leurs mouvements, chargements et déchargements. La Compagnie sera responsable de toute gêne ou entrave qui pourrait résulter de ce fait par rapport à tous autres navires que les siens.

Mais c'est en vain que les grues des Compagnies premières occupantes seront *bien rangées*, les survenants n'en auront pas davantage les moyens de mettre soit à terre, soit à bord leurs chevaux et leurs lourds colis.

Voilà donc un *monopole par empêchement*, mais non moins positif cependant, que l'on crée de toutes pièces au profit des premières Compagnies.

Si dans un sentiment de bon vouloir que l'on ne peut guère attendre de ses rivaux, elles livrent néanmoins leurs grues, sera-ce à prix d'argent? Que devient alors la défense que l'arrêté leur en fait.

Sera-ce gratuitement? C'est d'une criante iniquité! Et puis que de déboires, que d'ennuis, que de misérables querelles de responsabilité pour les emprunteurs forcés!

Pour les abris, la prévoyance a été un peu plus loin, et le texte dit :

> ARTICLE 9. — Lorsque d'autres navires que ceux de la Compagnie seront accostés aux stations le quai sera libre pour leur usage, *y compris, au besoin, la superficie couverte, sans que la Compagnie ait le droit de s'y opposer ou de réclamer de redevance.*

Ainsi voilà les premières Compagnies astreintes à bâtir, non pour elles seules, mais pour autrui, et à ne rien retirer de cet abri qu'elles seront contraintes de donner.

Se peut-il, en vérité, rien de plus étrange?

Eh bien, il faut aller jusqu'au bout. Logement *gratuit*. selon le mot célèbre de M. de Talleyrand, ce sera pour les entreprises qui seront obligées d'y avoir recours, *beaucoup trop cher ;* car Dieu seul sait par quelles contrariétés on saura bien le leur faire payer !

Donc, en dépit de la précaution prise par l'arrêté, voilà que se constitue un autre *monopole* qu'il faut appeler *par défaut de convenance.*

Et, en effet, croit-on sérieusement que les Compagnies survenantes seront bien satisfaites d'avoir à loger et à

abriter leurs marchandises précieuses, non chez elles, non
dans un magasin créé et entretenu par une Institution
publique offrant les plus amples garanties, *mais chez leurs
rivales ?*

Voilà cependant à quels singuliers résultats on aboutit
péniblement ; le tout parce que l'on n'a pas voulu suivre la
voie droite, et respecter, au profit de notre Chambre, des
traditions qui, depuis 40 ans, donnent à tout le monde la
plus complète satisfaction.

On a dépensé beaucoup de temps et d'habileté pour arriver au néant.

Ce serait manquer de respect pour le Conseil général des
Ponts-et-Chaussées que d'admettre que de telles concep-
tions soient son œuvre. Il a délibéré, soit ; mais il ne se
peut pas qu'un rapport vraiment complet, *impartial*, éluci-
dant la question à tous ses points de vue, ait éclairé sa
religion.

Jusqu'au dernier degré d'évidence, celle-ci a été surprise.

Trouverons-nous de plus solides arguments dans la lettre
du Ministre à M. *Alexandre* PINART, du 7 décembre ? Non
cent fois ; car il n'y a rien, absolument rien que ceci :

> « *Le Conseil général des Ponts-et-Chaussées en a délibéré !* »

Qu'importait si son avis était, au point où il l'est, sujet
à discussion ?

> « Et puis ce n'est pas *à titre de concession sur le domaine
> public*, mais à titre de *permission de voierie* que l'autorisation
> est donnée. »

Eh ! qu'importe le mot, si la chose est la même !

> « Et, enfin, *le South Eastern le voulait et menaçait de trans-
> porter ses paquebots à Calais.* »

Cette menace a-t-elle jamais été bien sérieuse ?

3

Et comment le South Eastern l'eût-il réalisée, si on lui refusait le magasin demandé, *puisqu'il y avait renoncé?*

Rien de tout cela n'est donc digne de la haute Administration française, et on l'a compromise dans une œuvre des plus regrettables.

X.

Il faut admettre qu'elle y regardera désormais de plus près et obéira à des inspirations plus élevées, plus équitables et plus utiles au Commerce. On lisait, en effet, dans tous les journaux du 26 au 28 juillet 1871 :

> « M. le Ministre des Travaux publics vient de décider la construction le long des quais de nos grands ports de commerce, de magasins qui permettront de débarquer les marchandises à sec et qui, reliés par des chemins de fer, pourvus, d'ailleurs, de grues en nombre suffisant et de force variée, se prêteront avec la plus grande facilité et une immense économie de temps aux différentes opérations de l'expédition et de la réception des marchandises.
>
> » C'est M. l'ingénieur BALLOT qui a eu l'honneur de soumettre à M. DE LARCY ce projet emprunté, il est vrai, dans son principe aux docks anglais ; et dont l'adoption, aujourd'hui résolue, sera certainement accueillie avec joie et reconnaissance à Marseille, Nantes, Bordeaux, Le Havre, etc. »

C'est sous l'influence encore vivante de ces nouvelles idées, nous devons l'espérer, que sous un nouveau Ministre des Travaux publics, homme d'affaires et de progrès, se présentera notre défense.

XI.

Cette défense est-elle pour notre Chambre d'un grand intérêt? En d'autres termes, la translation des paquebots de la rive droite à la rive gauche du port, effectuée dans les conditions des arrêtés préfectoraux que nous venons de discuter, la menace-t-elle d'un grand préjudice, justifiant ses protestations et ses réclamations d'aujourd'hui ?

En quelques lignes, qu'éclaireront d'une vive lumière les relevés de nos recettes des services des grues, des marchandises et des bagages que j'annexe à ce rapport, vous allez en juger.

Au mois de juin 1868, l'Agent du South Eastern obtient, ainsi que je l'ai déjà dit, l'autorisation d'établir, en face de la station, sur rails fixes, une grue à vapeur qui ne quitte jamais le quai. Elle stérilise à l'instant les trois grues fixes que nous avions mises à sa disposition; et nos recettes, déjà réduites en 1869 de 24,500 fr. à 15,800 fr., par suite d'abaissements exagérés de nos tarifs, tombent, dans la même année, de ces 15,800 fr. à 9,600 fr., puis à 6,130 fr., et M. le Ministre de l'Agriculture et du Commerce, en examinant nos comptes, *en manifeste sa surprise* et en demande la raison.

L'équipe d'ouvriers que nous sommes obligés de tenir toujours au complet pour le service éventuel du commerce, et qui à son salaire fixe joint des salaires éventuels se proportionnant sur l'importance de la recette des grues, ne peut plus vivre de son travail. Il faut prendre sur les services auxquels ils sont étrangers pour les retenir à leur poste.

Le service de la vérification des marchandises, pour lequel nous avons élevé de coûteuses constructions, rapporte à notre Chambre, en 1872, brut 24,375 fr. 05 c.; net, 21,695 fr. 05 c.

Cette ressource, la plus importante de beaucoup de celles qui nous restent va disparaître en entier.

Perte également complète de la recette des bagages, qui a été en 1872 de 22,974 fr. 10 c. brut, de 4,410 fr. 10 c. net.

Est-ce tout ? malheureusement non.

Que ferons-nous des constructions édifiées à si grands frais sur le quai des Paquebots ? Dès qu'elles ne seront plus affectées à un service public ne faudra-t-il pas les démolir, en anéantissant un capital considérable ?

Ce n'est pas tout encore ! La Douane elle-même sera tôt ou tard contrainte de transporter ses bureaux sur la rive gauche. Cela est si vrai qu'elle l'a prévu expressément dans ses baux de 1871 ; — et qu'elle a stipulé, le cas échéant, leur résiliation.

Que fera-t-on de l'Hôtel des Douanes, construction spéciale parfaitement appropriée à sa destination, presque impropre à tout autre ?

Il n'est donc que trop vrai de dire que l'avenir de notre Chambre est gravement compromis par cette mesure ; et nous n'exagérons point le péril pour rendre moins ardue la tâche de l'écarter.

XII.

Pour l'écarter, que faire ?

De l'avis de votre Commission, il convient :

1° De faire imprimer le présent rapport et de l'adresser officiellement à M. le Ministre de l'Agriculture et du Commerce, à M. le Ministre des Travaux publics, à M. le Préfet du Département, à nos Députés, aux Chambres de commerce aussi intéressées que nous-mêmes à notre succès ;

2° De demander le rapport des deux arrêtés préfectoraux,

des 2 décembre 1869 et 9 février 1870, non en tant qu'ils permettent la translation des paquebots, mais en tant qu'ils autorisent les Compagnies à placer sur le quai des grues fixes et des grues mobiles ; en faisant l'offre de les établir nous-mêmes et de les faire fonctionner dans les conditions de tarif extrêmement bas qu'a fixées le décret du 2 mai 1868, après une enquête qui a présenté cette singularité que c'est la Commission d'enquête elle-même qui a relevé certains prix dont nous consentions, par excès de libéralité, la réduction ;

3° D'offrir d'élever immédiatement au centre même du quai Bonaparte, ou sur son terre-plein si l'espace manque ailleurs, une construction légère, autant que possible en fer, couvrant une superficie suffisante pour toutes les exigences de la réception des passagers, de la vérification des marchandises et des bagages, des contributions indirectes, de l'octroi : en y ajoutant un logement pour le receveur spécial des Douanes, chargé du service de nuit, et un bureau pour le commissaire de police du port.

Il va de soi que les plans seraient, avant toute exécution, soumis à M. le Préfet.

Notre Chambre paierait à l'Etat une redevance de 20 c. du mètre carré, comme elle l'acquitte au quai des Paquebots.

4° De demander en même temps le rapport de l'arrêté préfectoral de 1868 qui a autorisé M. BARNARD à établir sur le quai des Paquebots une grue à vapeur, marchant sur rails implantés dans le quai lui-même ;

5° De prendre avec la Compagnie du South Eastern des arrangements pour le rachat de cette grue dans les plus loyales conditions.

Les droits de notre Chambre seraient ainsi reconnus et rétablis ; l'avenir de notre Institution assuré; les intérêts généraux du Commerce servis suivant ses aspirations et ses convenances; — et nous pourrions poursuivre avec quelque satisfaction morale une tâche ardue, qui, nous avons quelque titre pour le dire, n'a pas été sans sérieuse valeur.

Le Rapporteur :

Signé : TERNAUX-CROUY.

———

LA CHAMBRE,

Ce rapport entendu, et après discussion,

Déclare en adopter les termes, considérations et conclusions,

En ordonne l'impression et l'envoi à toutes les Autorités et Institutions indiquées;

Et confie à la sollicitude du Gouvernement son avenir fort injustement menacé par les mesures qu'elle a dû se résoudre à faire connaître et à combattre.

Pour extrait conforme :

Le Secrétaire-Membre de la Chambre,

A^te VIDOR.

ANNEXES

PORT DE BOULOGNE

*Déplacement des Paquebots
de la Compagnie du South
Eastern Railway.*

Le Préfet du Pas-de-Calais,

Commandeur de l'Ordre Impérial de la Légion d'honneur, etc.

Vu les demandes formées par la Compagnie du South Eastern Railway, les 22 octobre 1867 et 16 juin 1869, et tendant à obtenir l'autorisation : 1° de transférer du quai Est au quai Ouest du port de Boulogne dit quai Bonaparte, le service de ses steamers et 2° d'installer des grues pour le débarquement des marchandises et des magasins pour leur servir d'abri ;

Vu les rapports de MM. les Ingénieurs du service maritime en date des 7 et 27 août 1868, 21 et 22 juillet 1869 ;

Vu le plan des lieux ;

Vu la décision de Son Ex. le Ministre des Travaux Publics du 30 novembre 1869 ;

Considérant qu'il s'agit dans l'espèce d'une Compagnie sérieuse faisant depuis plus de 20 ans un *service régulier* entre Boulogne et Folkestone ;

Considérant que le stationnement des bateaux de cette Compagnie au quai Bonaparte, que desservent deux voies ferrées, affranchira les marchandises en transit (principal aliment des dits bateaux) de frais de camionnage coûteux et permettra de réaliser, sur les opérations de chargement et de déchargement, des économies de temps considérables ;

Considérant que des faits nombreux ont aujourd'hui démontré combien il est rationnel et facile de laisser toute Compagnie qui exploite une station, perfectionner à ses risques et périls les moyens d'exploitation des quais livrés gratuitement par l'Etat à son libre usage, tout en réservant d'une manière essentielle et bien continue, en principe et en fait, les droits d'usage commun du domaine public de la grande voirie essentiellement inaliénable et non susceptible de concessions proprement dites ;

Considérant qu'il est de tout évidence que l'établissement de grues facilitera et activera, dans l'intérêt public, les opérations de chargement et de déchargement des bateaux à quai ;

Que de même, la construction d'abris couverts y rendra plus commode et plus sûr, principalement pour les marchandises de prix, l'usage des quais ;

ARRÊTE :

ARTICLE 1er. — La Compagnie du South Eastern Railway est autorisée à occuper deux stations au qui Bonaparte places nos 1 et 2 marquées à l'encre bleue sur la feuille de retombe du plan joint à sa demande et qui restera annexé au présent arrêté.

ART. 2. — Ces stations sont mises à la disposition de la Compagnie avec la réserve expresse que MM. les Officiers de port y pourront, sous leur responsabilité, placer d'autres navires dans un intérêt public ou dans un cas de force majeure (événements de mer, etc).

ART. 3. — L'État se réserve la faculté de reprendre ces places ou d'en modifier la distribution toutes les fois qu'il le jugera convenable sans que la Compagnie puisse prétendre à une indemnité.

ART. 4. — La Compagnie est autorisée à établir devant ses stations les grues fixes ou mobiles dont elle croira avoir besoin pour ses opérations d'embarquement aux conditions suivantes :

La Compagnie soumettra au préalable à l'approbation du Préfet les plans d'emplacement et les dispositions des appareils et de leurs établissements.

Elle apportera, dans les démolitions à faire pour installer les massifs des grues fixes, les précautions les plus minutieuses et emploiera dans les portions de maçonnerie à rétablir les mortiers les plus énergiques et les plus résistants à l'action de l'eau de mer.

Elle sera responsable des dégradations qui pourraient résulter de l'usage des grues si elles n'étaient pas manœuvrées avec tous les soins convenables et, par conséquent, restera chargée de l'entretien des abords des grues (dallage et pavage) dans un rayon correspondant à la portée de chacune d'elles.

Tous ces travaux seront exécutés sous la surveillance de l'Ingénieur du port avec lequel la Compagnie devra s'entendre pour tous les détails d'exécution.

ART. 5. — La présente autorisation ne comporte que l'établissement de grues propres à l'usage personnel de la Compagnie. Elle n'aura par conséquent pas le droit de les mettre à la disposition du public pour en tirer profit en dehors des conditions particulières qui concernent son propre service.

ART. 6. — Lorsque d'autres navires que ceux de la Compagnie seront accostés aux stations, les grues devront être rangées de manière à ne pas gêner leurs mouvements, chargements et déchargements. La Compagnie sera responsable de toute gêne ou entrave qui pourraient résulter de ce fait par rapport à tous autres navires que les siens.

ART. 7. — La Compagnie est enfin autorisée à établir le long de ses stations des abris couverts dont les plans devront être soumis par elle à l'approbation du Préfet.

Ces abris seront installés d'une manière essentiellement provisoire et susceptibles d'être enlevés promptement.

ART. 8. — La Compagnie ne pourra, en aucun cas, laisser des marchandises en dépôts permanents sous ses abris couverts ni en faire l'objet d'une exploitation à redevance.

ART. 9. — Lorsque d'autres navires que ceux de la Compagnie seront accostés aux stations, le quai sera libre pour leur usage, y compris au besoin la superficie couverte, sans que la Compagnie ait le droit de s'y opposer ou de réclamer de redevance.

ART. 10. — Les autorisations ci-dessus ne constituent pour la Compagnie aucun droit spécial sur le domaine public des quais dont il s'agit. Elles cesseraient de p cin droit dès l'instant où le service de la Compagnie viendrait à diminuer d'importance et ne nécessiterait plus l'emploi de l'outillage dont il s'agit.

ART. 11. — En toutes circonstances si les besoins d'ordre général et public du service du port venaient à l'exiger, la Compagnie sur une simple réquisition de l'Administration devra enlever ses grues et abris couverts et rétablir les choses dans leur état primitif sans pouvoir réclamer aucune indemnité.

ART. 12. — M. le Sous-Préfet de Boulogne et M. l'Ingénieur en chef du service maritime sont chargés, chacun en ce qui le concerne, de l'exécution du présent arrêté.

Arras, le 2 décembre 1869.

Le Préfet,

Signé : ALP. PAILLARD.

Pour expédition conforme destinée à M. l'Ingénieur en chef des Ports.

Le Secrétaire Général,

Signé : HASTRON.

Pour copie conforme :

L'Ingénieur en chef des Ports maritimes
du Pas-de-Calais,

LEGROS.

PORT DE BOULOGNE

Déplacement des Paquebots
de la Compagnie générale
de la Navigation à vapeur
entre Londres et Boulogne.

Extrait du registre aux arrêtés du Préfet

Arrêté du 9 Février 1870.

Le Préfet du Pas-de-Calais,

Commandeur de l'Ordre Impérial de la Légion d'honneur, etc.

Vu la demande formée par la Compagnie générale de navigation à vapeur, entre Londres et Boulogne le 21 décembre 1869, tendant à obtenir l'autorisation de transférer, du quai Est au quai Ouest du port de Boulogne dit quai Bonaparte, le service de ses steamers et d'y installer des grues pour le débarquement des marchandises et des magasins pour leur service d'abri ;

Vu le rapport de MM. les Ingénieurs du service maritime des 28 et 29 décembre 1869;

Vu le plan des lieux ;

Vu la décision de S. Exc. M. le Ministre des Travaux publics du 1er février 1870 ;

ARRÊTE :

ARTICLE 1er. — La Compagnie de navigation à vapeur de Londres est autorisée à occuper deux stations au quai Bonaparte places nos 3 et 4, marquées à l'encre rouge sur le plan ci-joint qui restera annexé au présent arrêté.

ART. 2. — Ces stations sont mises à la disposition de la Compagnie avec la réserve expresse que MM. les Officiers de port pourront, sous leur responsabilité, placer d'autres navires dans un intérêt public ou dans un cas de force majeure (événements de mer, etc).

ART. 3. — L'État se réserve la faculté de reprendre ces places ou d'en modifier la distribution toutes les fois qu'il jugera convenable sans que la Compagnie puisse prétendre à une indemnité.

ART. 4. — La Compagnie est autorisée à établir devant ses stations les grues fixes ou mobiles dont elle croira avoir besoin pour les opérations d'embarquement aux conditions suivantes :

La Compagnie soumettra au préalable à l'approbation du Préfet les plans d'emplacement et les dispositions des appareils et de leur établissement.

Elle apportera, dans les démolitions à faire pour installer les massifs des grues fixes, les précautions les plus minutieuses et emploiera dans les portions de maçonnerie à rétablir, les mortiers les plus énergiques et les plus résistants à l'action de l'eau de mer.

Elle sera responsable des dégradations qui pourraient résulter de l'usage des grues si elles n'étaient pas manœuvrées avec tous les soins convenables et, par conséquent, restera chargée de l'entretien des abords des grues (dallage et pavage) dans un rayon correspondant à la partie de chacune d'elles.

Tous ces travaux seront exécutés sous la surveillance de l'Ingénieur du port avec lequel la Compagnie devra s'entendre pour tous les détails d'exécution.

ART. 5. — La présente autorisation ne comporte que l'établissement de grues propres à l'usage personnel de la Compagnie. Elle n'aura par conséquent pas le droit de les mettre à la disposition du public pour en tirer profit en dehors des conditions particulières qui concernent son propre service.

ART. 6. — Lorsque d'autres navires que ceux de la Compagnie seront accostés aux stations, les grues devront être rangées de manière à ne pas gêner leurs mouvements, chargement et déchargement. La Compagnie sera responsable de toute gêne ou entrave qui pourrait résulter de ce fait par rapport à tout autre navire que les siens.

ART. 7. — La Compagnie est enfin autorisée à établir le long de ses stations des abris couverts dont les plans devront être soumis par elle à l'approbation du Préfet.

Ces abris seront installés d'une manière essentiellement provisoire et susceptible d'être enlevés promptement.

ART. 8. — La Compagnie ne pourra, en aucun cas, laisser des marchandises en dépôts permanents sous ses abris couverts ni en faire l'objet d'une exploitation à redevance.

ART. 9. — Lorsque d'autres navires que ceux de la Compagnie seront accostés aux stations, le quai sera libre pour leur usage, y compris au besoin la superficie couverte, sans que la Compagnie ait le droit de s'y opposer ou de réclamer de redevance.

ART. 10. — Les autorisations ci-dessus ne constituent pour la Compagnie aucun droit spécial sur le domaine public des quais dont il s'agit. Elles cesseraient de plein droit dès l'instant où le service de la Compagnie viendrait à diminuer d'importance et ne nécessiterait plus l'emploi de l'outillage dont il s'agit.

ART. 11. — En toutes circonstances si les besoins d'ordre général et public du port venaient à l'exiger la Compagnie, sur une simple réquisition de l'Administration, devra enlever ses grues et abris couverts et rétablir les choses dans leur état primitif sans pouvoir réclamer aucune indemnité.

ART. 12. — Monsieur le Sous-Préfet de Boulogne et M. l'Ingénieur en chef du service maritime sont chargés, chacun en ce qui le concerne, de l'exécution du présent arrêté.

Arras, le 9 février 1870.

POUR LE PRÉFET,

Le Secrétaire-Général délégué,

Signé : HASTRON.

POUR COPIE CONFORME,

L'Ingénieur ordinaire,

L. LEBLANC.

CHAMBRE DE COMMERCE DE BOULOGNE-SUR-MER

GRUES.

ANNÉES	PRODUIT				OBSERVATIONS
	BRUT		NET		
1825	5.185	14	2.396	73	
1831	2.213	65	1.273	65	
1832	1.527	»	49	74	
1833	2.603	25	1.882	15	
1834	3.109	50	2.027	11	
1835	4.517	25	3.504	05	
1836	7.997	17	3.619	92	
1837	14.243	42	4.362	42	
1838	15.564	»	6.973	64	
1839	15.524	50	6.716	55	
1840	14.646	70	5.796	99	
1841	14.576	18	(1)	..	(1) La dépense, à raison d'un achat de grues Nillus, est de 19.936 79
1842	15.631	38	(2)	..	(2) id. id. id. id. 15.951 27
1843	15.395	90	6.666	77	
1844	14.693	95	5.863	86	
1845	15.655	»	9.461	60	
1846	15.927	12	10.615	20	
1847	14.526	55	6.596	48	
1848	9.755	70	3.186	72	
1849	11.918	10	7.624	83	
1850	15.476	»	10.689	08	
1851	16.493	72	10.989	13	
1852	16.408	65	11.779	50	
1853	16.726	93	11.730	69	
1854	25.590	»	17.290	93	
1855	33.012	25	21.483	24	
1856	23.530	95	16.854	33	
1857	20.981	05	14.100	20	
1858	19.722	75	6.840	74	
1859	26.182	01	13.724	60	
1860	23.953	93	12.253	09	
1861	23.457	59	5.669	70	
1862	25.717	27	17.871	25	
1863	24.815	86	16.778	04	
1864	24.759	47	16.889	78	
1865	24.500	50	16.268	02	
1866	19.178	14	12.906	69	
1867	15.853	95	5.939	22	
1868	9.632	11	6.408	61	
1869	9.286	33	(3)	..	(3) La dépense, p' suite d'achat de grues à Marquise, a été de 14.694 26
1870	5.091	17	2.961	38	
1871	6.130	96	3.413	14	
1872	8.767	81	5.212	54	

CHAMBRE DE COMMERCE DE BOULOGNE-SUR-MER

BAGAGES

ANNÉES	PRODUIT				OBSERVATIONS
	BRUT		NET		
1846	32.924	50	5.588	35	Jusqu'en 1845 les recettes de ce service se confondent avec
1847	33.987	»	7.514	56	celles des MARCHANDISES.
1848	24.030	70	4.694	42	
1849	29.348	17	5.816	16	
1850	34.822	95	(1)	..	(1) Les dépenses, par suite de la construction d'un nouveau
					magasin et d'impressions non prévues au budget s'élevant
					ensemble à 14,494 f. 02, ont excédé les recettes de 7,211 f. 66.
1851	37.669	90	7.788	03	
1852	33.793	74	6.968	09	
1853	39.069	12	7.275	97	
1854	41.591	75	10.513	02	
1855	52.248	95	16.684	22	
1856	41.642	70	10.657	74	
1857	41.349	»	10.487	79	
1858	33.794	03	8.412	89	
1859	34.106	10	8.376	19	
1860	38.983	70	10.873	45	
1861	41.671	»	11.049	39	
1862	48.397	85	15.739	29	
1863	38.699	35	8.536	45	
1864	37.970	50	7.492	99	
1865	37.630	65	8.806	43	
1866	35.274	85	8.167	15	
1867	42.008	85	10.982	25	
1868	31.769	20	6.911	35	
1869	26.975	85	3.515	15	
1870	16.319		(2)	..	(2) Les dépenses ont excédé les recettes de 206 f. 84 c., la
1871	20.948	40	920	34	Chambre, malgré les malheurs des temps, ayant conservé
1872	22.974	10	4.404	05	aux ouvriers et aux veuves de marins qu'elle emploie à
					ce service, l'intégralité de leurs salaires.

CHAMBRE DE COMMERCE DE BOULOGNE-SUR-MER

MARCHANDISES

ANNÉES	PRODUIT			OBSERVATIONS
	BRUT		NET	
1838	4.701	10	2.753	(1) 43	(1) Jusqu'en 1845 inclusivement la recette comprend les bagages aussi bien que les marchandises, et de plus 800 francs pour le loyer du magasin de vérification payé par la Douane.
1839	4.980	50	3.861	31	
1840	5.872	»	3.448	60	
1841	7.377	40	3.395	45	
1842	6.987	10	2.733	20	
1843	6.612	60	1.316	70	
1844	7.751	10	3.805	29	
1845	9.183	30	1.402	21	
1846	1.985	40	1.885	40 (2)	(2) A partir de cette date, 1846, le produit des bagages et le loyer forment des articles séparés, et le chiffre ci-contre ne concerne plus que les marchandises.
1847	1.678	60	1.578	60	
1848	2.464	20	2.464	20	
1849	2.981	»	2.981	»	
1850	3.366	40	(3)	..	(3) La dépense, à cause de la construction d'un hangar, est de 7.077 22
1851	3.610	55	3.594	55	
1852	4.348	92	3.685	92	
1853	5.276	95	4.367	08	
1854	7.658	30	7.628	30	
1855	9.941	70	9.567	20	
1856	14.173	95	13.900	40	
1857	16.141	15	15.932	80	
1858	17.522	30	17.289	50	
1859	17.332	40	17.071	90	
1860	20.276	25	9.028	85	
1861	19.908	10	19.785	»	
1862	19.468	85	19.349	70	
1863	16.021	85	15.589	10	
1864	14.056	15	13.621	75	
1865	15.572	05	13.405	35	
1866	14.951	»	12.980	40	
1867	15.715	95	13.827	30	
1868	17.743	40	15.758	40	
1869	19.830	05	17.814	35	
1870	15.352	40	13.605	50	
1871	17.100	75	15.428	50	
1872	24.375	05	21.675	05	

www.ingramcontent.com/pod-product-compliance
Lightning Source LLC
Chambersburg PA
CBHW071011280326
41934CB00009B/2263